Mercurio

J.P. Bloom

Abdo
PLANETAS
Kids

abdopublishing.com

Published by Abdo Kids, a division of ABDO, PO Box 398166, Minneapolis, Minnesota 55439.

Copyright © 2017 by Abdo Consulting Group, Inc. International copyrights reserved in all countries. No part of this book may be reproduced in any form without written permission from the publisher.

Printed in the United States of America, North Mankato, Minnesota.

052016

092016

THIS BOOK CONTAINS RECYCLED MATERIALS

Spanish Translator: Maria Puchol, Pablo Viedma

Photo Credits: NASA, Science Source, Shutterstock, Thinkstock

Production Contributors: Teddy Borth, Jennie Forsberg, Grace Hansen

Design Contributors: Candice Keimig, Laura Rask, Dorothy Toth

Publishers Cataloging-in-Publication Data

Names: Bloom, J.P., author.

Title: Mercurio / by J.P. Bloom.

Other titles: Mercury. Spanish

Description: Minneapolis, MN : Abdo Kids, [2017] | Series: Planetas |
    Includes bibliographical references and index.

Identifiers: LCCN 2016934900 | ISBN 9781680807554 (lib. bdg.) |
    ISBN 9781680808575 (ebook)

Subjects: LCSH: Mercury (Planet)--Juvenile literature. | Solar system--Juvenile
    literature. | Spanish language materials--Juvenile literature.

Classification: DDC 523.41--dc23

LC record available at http://lccn.loc.gov/2016934900

Contenido

Mercurio

Mercurio es un **planeta**. Los planetas **orbitan** alrededor de las estrellas. Los planetas en nuestro sistema solar orbitan alrededor del sol.

4

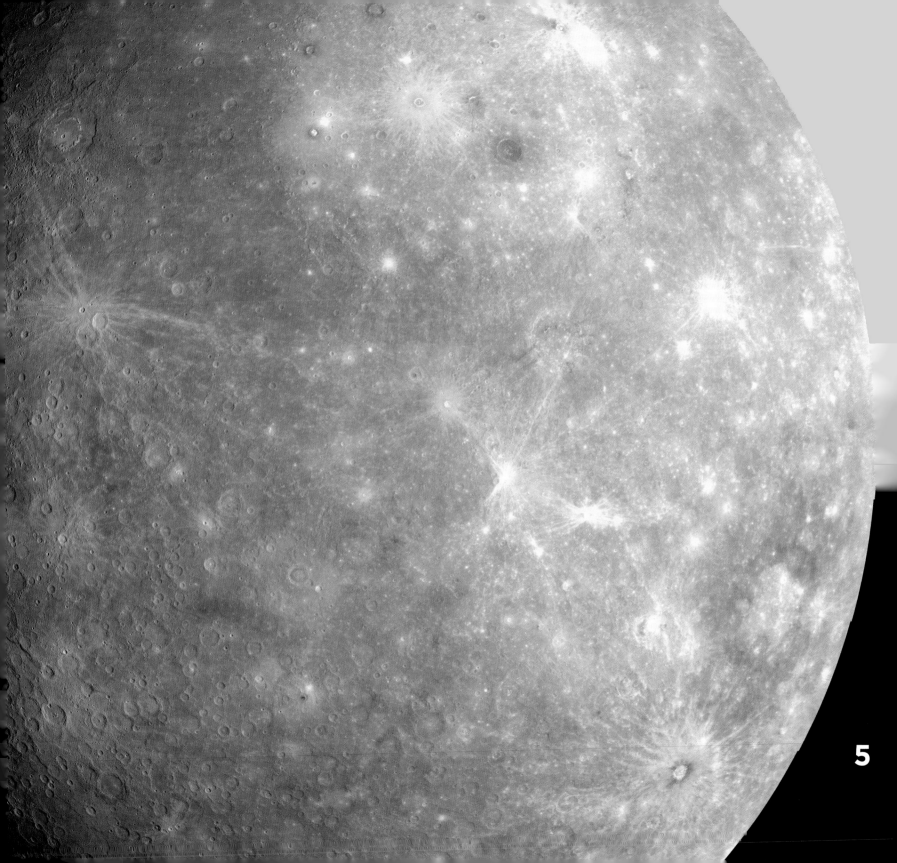

5

Mercurio es el **planeta** más cercano al sol. Está alrededor de 36 millones de millas (58 millones de km) del sol.

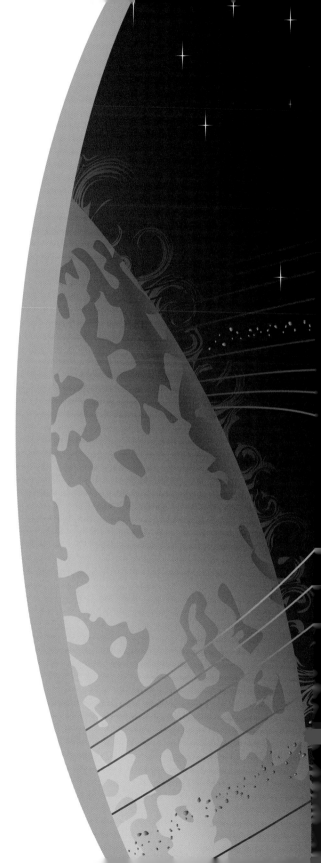

Venus

Mercurio

La Tierra

Marte

Júpiter

Saturno

Urano

Neptuno

7

Mercurio hace una **órbita** completa alrededor del sol cada 88 días. Un año en Mercurio equivale a 88 días en la Tierra.

Sol

Mercurio

Mercurio rota mientras está en órbita alrededor del sol. Rota muy lentamente.

10

11

Esta rotación determina el día y la noche. Un día en Mercurio equivale a 59 días en la Tierra.

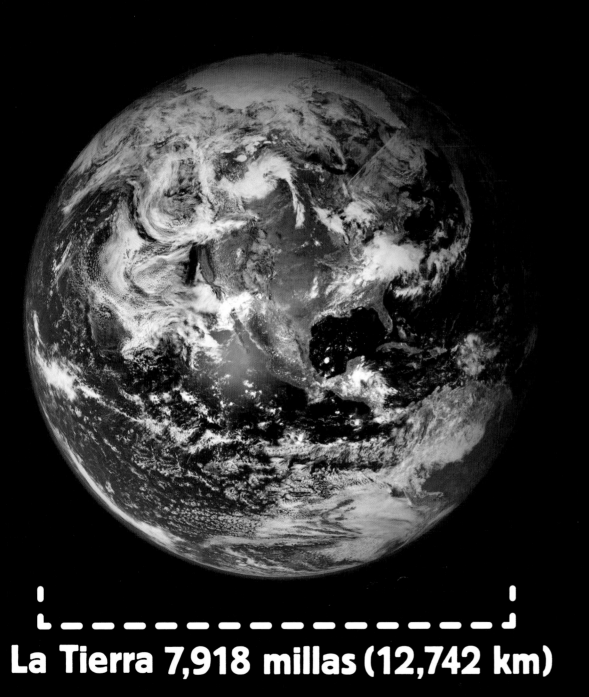

La Tierra 7,918 millas (12,742 km)

**Mercurio
3,032 millas
(4,879 km)**

13

Mercurio tiene tres capas.

Tiene un núcleo, un manto y

una corteza. Su núcleo está

compuesto de hierro.

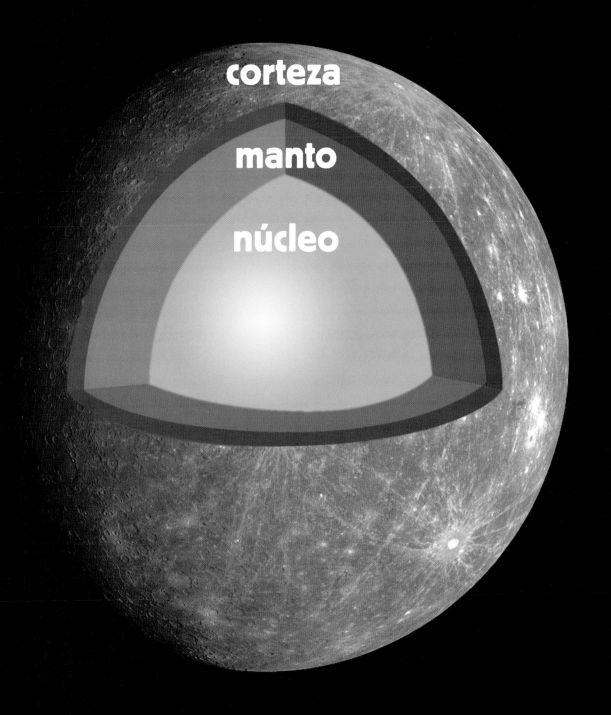

corteza

manto

núcleo

15

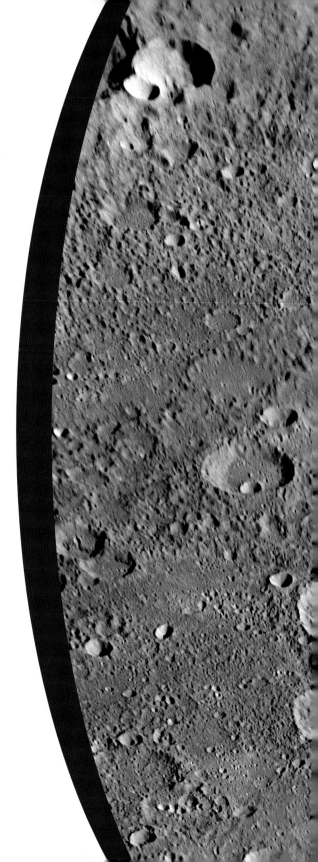

La **geografía** de Mercurio es muy rocosa. Está cubierta de grandes **cráteres**.

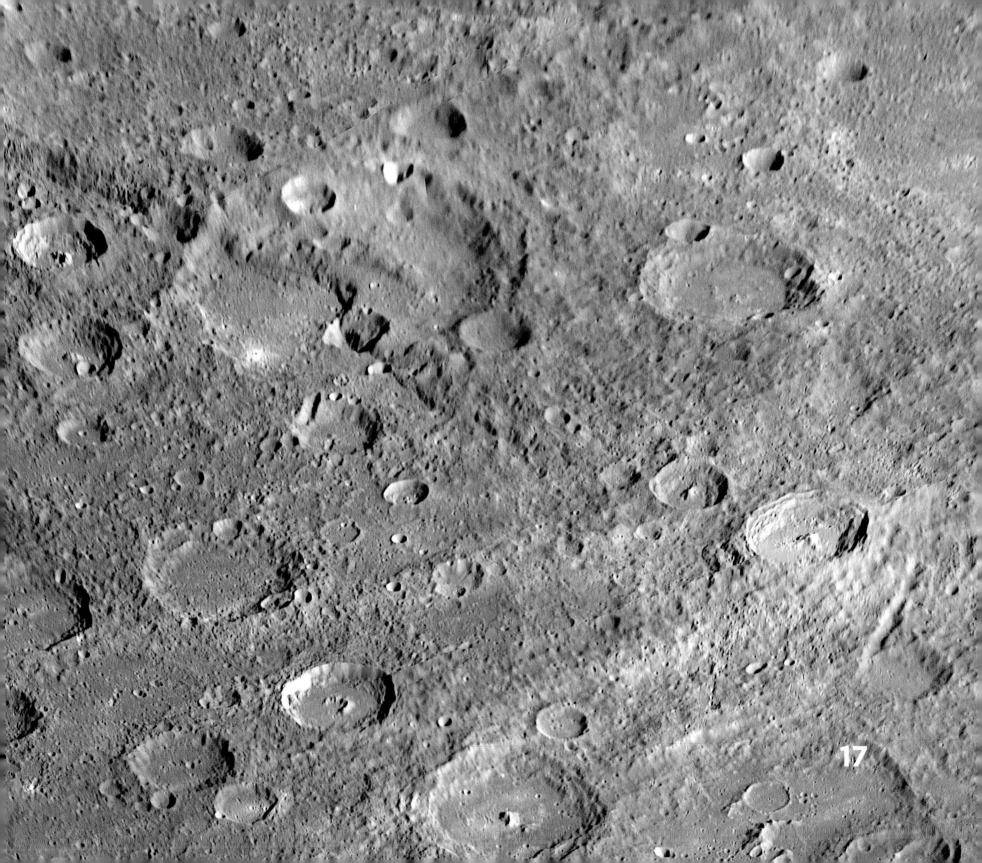

17

Calor y frío

Mercurio puede ser muy caluroso o muy frío. Los humanos y los animales no pueden sobrevivir. Las plantas tampoco pueden crecer.

18

durante el día
hasta 800° F
(427° C)

durante la noche
hasta a -280° F
(-173° C)

Mercurio desde la Tierra

Se puede ver Mercurio desde la Tierra. Se puede ver sin usar un telescopio.

20

Mercurio

Más datos

- Mercurio tuvo **cráteres** rellenos de magma en el pasado. Cuando el magma se enfrió, se formó una superficie similar a la de la Luna.

- La temperatura de Mercurio oscila entre -280 hasta 800 grados Fahrenheit (-173°C a 427°C).

- Mercurio es el **planeta** más rápido en **orbitar** alrededor del sol. Su nombre viene del dios romano Mercurio del que se decía que era el más rápido de los dioses.

Glosario

cráter – hoyo en la tierra en forma de tazón.

geografía – características físicas de un terreno. Montañas, ríos y cañones forman parte de la geografía.

órbita – trayectoria de un objeto espacial que se mueve alrededor de otro objeto espacial. Orbitar es moverse en esa trayectoria.

planeta – objeto espacial grande y redondo (como la Tierra) que gira alrededor de una estrella (como el sol).

Índice

abdokids.com

¡Usa este código para entrar en abdokids.com y tener acceso a juegos, arte, videos y más cosas!

Código Abdo Kids:
PMK7181